SEINE Hände sind meine Heimat

Einblicke in Pater Bernhards
geistliches Leben

Pater Bernhard Vošicky

Be⊂╬⊃Be

www.bebeverlag.at
ISBN 978-3-903518-16-2

Pater Bernhard Vošicky

Seine Hände sind meine Heimat

Einblicke in Pater Bernhards geistliches Leben

Be+Be-Verlag: Heiligenkreuz 2024
ISBN 978-3-903518-16-2

Das Werk einschließlich aller seiner Teile ist urheberrechtlich geschützt. Jede Verwertung außerhalb der engen Grenzen des Urheberrechtsgesetzes ist ohne Zustimmung des Verlages unzulässig und strafbar. Das gilt insbesondere für die Vervielfältigung, Übersetzung, Mikroverfilmung und die Einspeicherung und Verarbeitung in elektronischen Systemen.

Alle Rechte vorbehalten. Printed in Europe 2024.
Coverfoto: Reinhard Gölzner
Fotos: Pater Bernhard Vošicky
Verschriftlichung: Dipl.-Päd. Annemarie Weindl
Gestaltung: AugstenGrafik, www.augsten.at

Be+Be

© Be+Be-Verlag Heiligenkreuz im Wienerwald,
www.bebeverlag.at

Direkter Vertrieb:
Be+Be-Verlag Heiligenkreuz
A-2532 Heiligenkreuz im Wienerwald
Tel. +43-2258-8703-400
www.klosterladen-heiligenkreuz.at
E-Mail: bestellung@klosterladen-heiligenkreuz.at

Seine Hände sind meine Heimat

Einblicke in Pater Bernhards
geistliches Leben

Pater Bernhard Vošicky

www.bebeverlag.at
isbn 978-3-903518-16-2

Inhalt

Vorbemerkung 7

Vorwort 9

I. Mein Verhältnis zu Gott 15

II. Geistige Weggefährten 23

III. Gelebte geistliche Vaterschaft 27

IV. Berufung 37

V. 21-Uhr-Segen 47

VI. Dornenkrone 53

VII. Beichtvater 59

VIII. In Todesnot 71

IX. „Folge mir nach!
Du sollst Priester werden." 79

X. Das Wirken der heiligen Engel 85

XI. Stärkung von oben 93

Anhang 101

    Interview mit Pater Bernhard
    über sein Nahtoderlebnis (2022) 102

Vorbemerkung

Pater Bernhard gab mir seine mit der Hand geschriebenen Lebenserinnerungen, die während seiner langen Rekonvaleszenz nach schwerer Covid-Erkrankung entstanden sind, und bat mich, diese abzuschreiben, um sie für den Druck vorzubereiten.

Diese Arbeit übernahm ich gerne – mit brennendem Herzen und manchmal Tränen in den Augen.

Ich habe alles wortgetreu abgeschrieben und nichts verändert.

Christkönigssonntag 2022
Schulrätin Dipl.-Päd. Annemarie Weindl

Vorwort

Corona traf uns alle unerwartet, auch mich – und es traf mich heftig und fesselte mich über mehrere Monate an das Spitalsbett. Ich war schwach, das Gehen war nur unter größter Kraftanstrengung möglich, ja selbst das Atmen fiel mir schwer. Es schien in diesen Monaten, als wäre es nun an der Zeit, diese Welt für eine bessere zu verlassen. Mich ergriff keine Angst, ich wurde nicht unruhig, ich dachte nur ein wenig über mein bisheriges Leben nach, vor allem über Gottes Wirken in ihm, über so viele Gnadenerweise und wie armselig ich oft darauf reagierte.

Einige Ereignisse wurden mir dabei wieder besonders präsent, einschneidende Erlebnisse wie meine Firmung oder meine Priesterweihe; Momente, in denen ich die Gegenwart Gottes besonders stark erfahren durfte; Momente, in denen die allerseligste Jungfrau mich an ihre

Hand nahm; Momente, in denen ich Menschen begegnen durfte, die mir zu Vorbildern wurden, die mir klarmachten, dass es Gott wirklich gibt und dass er lebendig ist.

Diesen Spuren Gottes in meinem Leben folgte ich also von meinem Spitalsbett aus, wohl behütet von den Vorauer Marienschwestern, fachlich blendend betreut von Ärzten und Schwestern und es kam mir der Gedanke, diese Erlebnisse mit Gott auch schriftlich festzuhalten – nicht weil sie etwas Besonderes wären oder weil ich etwas Besonderes wäre, sondern weil es mir Sorge bereitet, dass Gott besonders in der westlichen Welt immer mehr an Bedeutung verliert. Vielleicht weil zu wenig über sein Wirken gesprochen wird; vielleicht weil jene schweigen, die Ihn als den Lebendigen kennenlernen durften. Die folgenden Gedanken sind also nur einige flüchtige Skizzen aus meinem Leben, Erlebnisse, die mir damals besonders aufleuchteten.

Mittlerweile bin ich dem Spitalsbett entkommen, darf Gott in seinem Weinberg wieder dienen, aber die hier niedergeschriebenen Begebenheiten bleiben von großer Bedeutung für mich. Wenn die Verschriftlichung dieser Erlebnisse den einen oder anderen Leser ein bisschen aufzurütteln vermag für die größere, alles überstrahlende Realität Gottes, dann hat dieses kleine Buch seinen Zweck erfüllt.

Vielleicht kann ich so dem Leser ein kleines Stücklein weiter zu der lebensverändernden Erkenntnis verhelfen: Es gibt Gott, wir können ihm in Christus begegnen, ihn erkennen und über alles lieben und wir können durch die Sakramente in enger Vereinigung mit ihm leben. Das ist die großartige Botschaft unserer Religion und dass ich das erkennen durfte, dafür bin ich unserem Vater unsagbar dankbar.

„Liebe Deine Geschichte; es ist der Weg,
den Gott mit Dir gegangen ist."

Leo Tolstoi (1828–1910)

I.
Mein Verhältnis zu Gott

„Nicht mehr ich lebe,
sondern Christus lebt in mir."

Gal 2,20

Mit meiner Cousine zweiten Grades, der seligen Schwester Zdenka (= Sidonia) Schellingová, bin ich stets den Weg der Liebe und des Vertrauens zu Gott gegangen.

Sicher habe ich großen Respekt, aufrichtige Ehrfurcht vor Gott und Seiner Gerechtigkeit. Aber ich habe Ihn oft als zärtlichen Freund, als liebenden Vater (Abba) erfahren und daher nicht gefürchtet, sondern vertrauensvoll geliebt. Ich habe nicht Seine Gerechtigkeit gefürchtet, sondern Seine Barmherzigkeit empfangen. Von Ewigkeit her hat Er mich geliebt und sich für mich hingegeben. Also lebe nicht mehr ich, sondern Er lebt in mir (vgl. Gal 2,20).

So war mein Lieblingsbibelvers zeitlebens aus Gal 2,20: „Nicht mehr ich lebe, sondern Christus lebt in mir."

„Soweit ich aber jetzt noch in dieser Welt lebe, lebe ich im Glauben an den Sohn Gottes, der mich geliebt und sich für mich hingegeben hat" (am Kreuz der Liebe; Gal 2,20). Die sich am Kreuz verströmende Liebe!

Mit Gräfin Dr. Anna Coreth, Legionär Mariens aus Wien, einer sehr gebildeten Sacré Cœur-Schülerin, bin ich im Jahr 1980 nach Polen entsandt worden. Damals stand dieses tief katholische Land noch unter streng kommunistischer Diktatur (Ministerpräsident Jaruzelski). Lech Wałęsa mühte sich mit der Solidarność-Bewegung um eine Wende.

Im Zuge dieser geheimen Sendungsreise (ausgehend vom Concilium der Legio Mariae, Dublin/Irland) sind wir, Schwester Coreth und ich und einige andere Legionäre Mariens aus Österreich, nach Lagewniki gekommen, einem Vorort von Krakau. Von der letzten Straßenbahnstation waren es noch einige Kilometer zu Fuß, bei sengender Sommerhitze, bis zum Kloster der Schwestern der Göttlichen Barmherzigkeit. Ich hatte damals schon gehört und gelesen von Schwester Faustyna Kowalska und ihren Visionen vom Barmherzigen Jesus, die mich sehr fasziniert haben. Jedenfalls bin ich bis zum Grab der damals weltweit noch kaum bekannten Schwester gelangt, in der Klosterkirche. Es war mein Tauftag, der 30. Jahrestag meiner Gotteskindschaft durch die heilige Taufe, der 27. August 1980. Am Grab angelangt, kniete ich nieder und ein Rosenblatt fiel von einer aufgestellten Blume auf den Grabdeckel: Geboren 25. 8. 1905 in Glogowiec, konnte ich lesen und getauft 27. 8. 1905, gestorben 5. 10. 1938. Voll Freude im Herzen habe ich dann als Stoßgebet immer wieder gesprochen – Jezu ufam tobie – Barmherziger Jesus, ich vertraue auf Dich!

Dieses kindliche Vertrauen zu Gott prägte mich und mein Verhältnis zu Gott nun noch inniger, darin verbunden wusste ich mich mit Schwester Zdenka und Schwester Faustyna.

Gott kennt genau meine Schwächen, Fehler und Sünden. Er kennt mich besser, als ich mich selber kenne. Also weshalb sollte ich mich fürchten? Die Erinnerung an meine Sünden demütigt mich, aber sie spricht stets von Liebe und Barmherzigkeit.

So habe ich als Seelenführer und Beichtvater stets zutiefst erlebt und erfahren, dass alle Sünden, auch ganz große und unheimliche Sünden, sofort gelöscht werden, wenn ich sie mit Zuversicht ins Feuer der Liebe werfe. Feuerherd der Liebe (fornax caritatis) ist meine Lieblingsanrufung in der Herz-Jesu-Litanei. Ausgelöscht im Blut des Lammes ohne Fehl und Makel.

Meine Grunderfahrung mit Gott: Ich bin gewiss, dass ich in Gottes Hand, in der Vaterhand bin und dass ich mich ganz auf Seine väterliche Güte verlassen kann.

Loslassen – ganz Gott überlassen.

Heitere Gelassenheit, Geborgenheit in Ihm, Ruhen in Gott, von Seiner ewigen Liebe umfangen sein.

Wie sehr habe ich mich gemüht, alles Gott als Opfer zu bringen, die Leiden, die Strapazen, aber auch die Werke der Liebe, die Arbeit, die Schwierigkeiten und Fehltritte.

In Betlehem konnte ich den Karmel der heiligen Schwester Mirjam von Abellin aufsuchen. Dieses Kloster steht an jenem Ort, wo einst König David in seiner Heimatstadt die Schafe geweidet hatte und vom Propheten Samuel erwählt und gesalbt wurde (vgl. 1 Sam 16,13).

Die französische Priorin erklärte meiner Pilgergruppe, wie bedeutungsvoll das weiße Ordenskleid, der Chormantel der Karmelitinnen, wäre. Sie bat uns, einfach demütig niederzuknien und konnte dann jedem von uns den weißen Umhang der heiligen Mirjam über die Schultern legen. Als ich an der Reihe war, fragte sie mich: „Mon père – was haben Sie in Ihrem Herzen empfunden?" Ohne nachzudenken sagte ich: „Echte tiefe Demut, Kindsein in Gottes Händen, Kind in den Händen des Vaters, der mich umarmt." Die Priorin war ganz begeistert.

Das ist es: Je suis le petit rien. Ich bin das kleine Nichts in Gottes Hand. Aber Er kann daraus alles machen, wenn ich mich in Seine Hände lege. ER ist die 1, ich die Null!

Terese von Ávila sagt: „Gott allein genügt!"

Unweit von Lagewniki liegt Auschwitz, wo zur Zeit Adolf Hitlers Tausende Juden und Gegner des Nazi-Regimes vergast und verbrannt wurden. Für mich war klar: Gott zeigt uns den Ort des Grauens und wenige Kilometer davon entfernt den Ort der ewigen Liebe und Barmherzigkeit. Auschwitz und Lagewniki (1938)! Schwester Faustyna starb kurz vor Kriegsbeginn.

II.
Geistige Weggefährten

„Seine Hände sind meine Heimat."
Selige Schwester Zdenka Schellingová

Die Brüder Karl (links) und Johann (P. Bernhard) Vošicky

Ich bin am 9. August 1950 in Wien 16 geboren.

Genau am Tage, acht Jahre zuvor, im Jahr 1942, ist Edith Stein, als getaufte Jüdin, als Karmelitenschwester Benedikta vom Kreuz, in die Gaskammer gegangen – als zweifaches Opfer für Nazi-Deutschland, dass es sich zum Gott der Liebe bekehren möge und für ihr jüdisches Volk, dass es den Glauben an den Messias, Jesus Christus, den Sohn des lebendigen Gottes, finden möge.

Genau sieben Jahre zuvor, am 9. August 1943, ist Franz Jägerstätter, ein Oberösterreicher aus St. Radegund, von den Nazis enthauptet worden.

Zwei Märtyrer, Blutzeugen an meiner Wiege, die aus Liebe zu Gott, überzeugt, starkmütig und gesalbt mit Standhaftigkeit ihr Leben hingegeben haben.

So ist mein Verhältnis zu Gott immer mehr geprägt worden von der liebenden Hingabe, vom Sich-Ausliefern an den barmherzigen, liebenden Vater, den ich nicht zu fürchten habe, weil ich weiß, dass Er mich liebt!

In den Händen des himmlischen Vaters beheimatet sein.

„Seine Hände sind meine Heimat", so die selige Schwester Zdenka.

Schwester Mirjam von Abellin, Schwester Benedicta vom Kreuz (Edith Stein), Franz Jägerstätter – sie alle sind Kinder Gottes, in Seinen Händen zu Hause und ich mit ihnen.

„Siehe, jetzt ist die angenehme Zeit. Siehe, jetzt ist der Tag des Heiles!"

(2 Kor 6,2b)

Die angenehme Zeit ist die Zeit, in der Er mich (uns) annimmt, aufnimmt in Sein Herz, in Seine Lebens- und Schicksalsgemeinschaft, in Sein göttliches Leben und Sein eigenes Heil; die Zeit, in der Er uns erhört und hilft (vgl. 2 Kor 6,2a).

III.
Gelebte geistliche Vaterschaft

„Das Leben entflieht schnell.
Nicht eine Sekunde kehrt zurück.
Bemühen wir uns, möglichst viele
Beweise der Liebe zu geben."

Heiliger Maximilian Kolbe

In einer sogenannten „Missbrauchsgesellschaft" sind Keuschheit, Reinheit, Zölibat, Selbstbeherrschung, Armut und Gehorsam wieder gefragte Tugenden.

Mit keuscher Liebe, nicht besitzergreifend, sondern selbstlos, nicht für sich vereinnahmend, sondern großzügig, den anderen annehmen, so wie er ist, nicht wie ich ihn haben will und haben möchte, nicht lüstern, begehrend, mit Augen der Gier, sondern dankend:

„Wie gut, dass es Dich gibt! Wie schön, dass Du da bist und wie gut, dass Dich Gott so wunderbar geschaffen hat!"

Der Vater des Annehmens, der heilige Josef, hat mich gelehrt, stets alles anzunehmen: Gutes und Böses, Angenehmes und Unangenehmes, Schweres und Leichtes, Licht und Schatten.

Annehmen aus Gottes Hand und nach Seinem Willen, sofort, ohne Murren, Zögern, Zaudern, Klagen, ohne Wenn und Aber, bedingungslos und arglos.

*Vater, Mutter, Bruder und P. Bernhard
anlässlich der einfachen Profess (1973)*

Annehmen, ohne Bedenken anzumelden oder Bedingungen zu stellen.

Im „Sofort" liegt die Heiligkeit, so der heilige Maximilian Kolbe. Der heilige Josef nahm das Kind und Seine Mutter sofort an!

Kurz vor der Einfachen Profess hat der damalige Abt Franz Gaumanmüller zu mir gesagt: „Frater Bernhard (ich war Novize), Sie kommen nach Rom und studieren Liturgiewissenschaft, denn wir brauchen für unsere Hochschule einen Liturgiker!" Ich habe zu bedenken gegeben, dass ich nicht Italienisch sprechen kann. Seine Antwort: „Ich habe Sie schon zum Italienischkurs gemeldet. Ihr Bruder Karl wird Sie nach Rom ins Generalatshaus des Ordens bringen ..." Sofort habe ich Ja gesagt.

Im Gehorsam ohne Zögern liegt die Kraft. Dieser Gehorsam ist die stärkste Waffe gegen den bösen Feind, weil er uns ganz tief und entschieden in den Willen Gottes messerscharf hineinführt, durch ihn gelingt die Scheidung der Geister.

Romreise noch vor dem Klostereintritt

So bin ich im August 1972 mit meinem Bruder Karl im Fiat in die *urbs aeterna* gefahren und habe bei Olga Lampe-Minelli mit einigen anderen Studenten des Collegio Germanico e Ungarico in San Pastore, vor den Toren Roms, Via Prenestina, im Sommerhaus der Jesuiten, den Italienischkurs begonnen. Der neue

Rektor des Germanicums, P. Mühlenbrock SJ, der schon um die 70 Jahre alt war, musste auch noch diese lebendige und erfrischende romanische Sprache erlernen. So hat er mich eingeladen, mit ihm zu zweit Privatstunden zu absolvieren. Vorsehung Gottes! Ihm war geholfen, weil ich rasch und sofort auf die Sätze der Lehrerin geantwortet habe und er auch einige Brocken mitgenommen hat.

Zu Weihnachten habe ich dann alles verstanden und zu Ostern konnte ich fließend sprechen, wie Prof. Burkhard Neunhauser OSB (Maria Laach) es uns in der Vorlesung gesagt hatte. Ich habe mich sogar dabei ertappt, dass ich schon Italienisch träumte und dachte.

Im Sofort, dem Gehorsam ohne Verzug (sine mora), liegt das Geheimnis der Nachfolge Christi, dessen Speise es war, den Willen des Vaters sofort zu tun.

Im Jahr 1988 wurde das Kloster Bochum-Stiepel gegründet. Dadurch ist es zu notwendigen Personalveränderungen im Stift Heiligenkreuz gekommen. Abt Gerhard Hradil hat eines Tages im Juni oder Juli 1988 zu mir gesagt, gleich nach dem Gebet der Non: „Weißt Du schon, dass Du als Pfarrer nach Raisenmarkt kommst?" – „Nein", war meine Antwort. „Pater Beda wird neuer Prior in Stiepel und Du übernimmst seine Pfarre. Ist es Dir ohnehin recht?" Meine Antwort: „Und wenn es mir nicht recht ist?" „Dann muss es Dir Recht sein!"

Also bin ich sofort auf mein Zimmer. Dort stand schon der Ökonom und Kämmerer vor der Türe und drängte mich, die Koffer zu packen und umzuziehen. So war ich von 1988 bis 1998 zehn Jahre Landpfarrer in Raisenmarkt.

Im Jahr 1998 wurde die Hochschule neu besetzt. Pater Karl Wallner, der damals Pfarrer in Sulz im Wienerwald war, wurde zum neuen Rektor bestellt. Diesmal war es Abt Gregor Henckel-Donnersmarck, der mich zu sich rufen ließ und mir erklärte: „Du gehst nach Sulz und übernimmst die Pfarre. Erzbischof Christoph Kardinal Schönborn wird Dich installieren."

Wieder ein sofortiger Umzug und ein fulminanter Beginn!

Aber im großen Jubiläumsjahr 2000 wollte mich Abt Gregor als Stiftspfarrer wieder im Kloster selbst haben, und so kam es nach eineinhalb Jahren in der Pfarre Sulz wieder zu einem Umzug nach Heiligenkreuz. Diesmal war es Weihbischof Alois Schwarz, der mich am 15. November 2000 (Leopoldifest) als Stiftspfarrer installierte.

Wieder eine sofortige Umstellung, ein sofortiges Gehorchen, das anfänglich oft schmerzte, aus dem letztendlich aber stets so viel Gnade floss. Gottes Wege sind nicht unsere Wege, doch im Gehorsam darf man so viel empfangen.

Pater Bernhard wird Pfarrer in Raisenmarkt

IV.
Berufung

„Dich will ich!"

Als ich im Jahr 1971 vor der Entscheidung gestanden bin, ob ich Diözesanpriester der Erzdiözese Wien oder Ordensmann in Heiligenkreuz, Zisterzienser, werden sollte, habe ich auf Anraten von Spiritual Pater Heinrich Segúr mich für 30-tägige ignatianische Exerzitien in der Schweiz angemeldet.

30 Tage – dazwischen kurze „Urlaubstage" in der Sommerhitze des Monats Juli. Wir kamen einen Tag in den Ranft zu Bruder Klaus, dem großen Gottesfreund, in das Tobel der Melchaa, wo er als Eremit lebte, betete und fastete. Er gelangte von einer natürlichen Vaterschaft mit zehn Kindern zu einer übernatürlichen Vaterschaft und wurde so zum geistlichen „Vater" der Schweiz.

Es kam ein Gewitter, und ich suchte Unterschlupf in der Marienkapelle. Blitz, Donner und strömender Regen, dunkle Wolken. Wie einen gewaltigen Aufbruch zu Gott erlebte ich es, dass meine Seele ganz an Gott gezogen wurde.

Alle Verstrickungen an die Welt wurden gelöst, alle Bindungen aufgehoben. Urplötzlich, wie ein Felsblock des Anrufes Gottes, wurde mein Herz aufgerissen, verwundet. Ein plötzlicher Anruf Gottes, tief drinnen im Herzen, hat meine Seele gleichsam aufschreien lassen: „Mein Gott, was willst Du von mir?" – „Dich will ich!", sagte der Herr.

„Dich will Ich! Lass ab von dem Weg des Diözesanpriestertums, den Du bis jetzt gegangen bist. Du bist von unten. Ich bin von oben. Ich will Dich zu mir ziehen. Du sollst mir als Mönch in Heiligenkreuz, als Zisterzienser, nachfolgen. Dein Lohn ist der Himmel in Ewigkeit!" – Das Gewitter hat sich verzogen und geblieben ist die einfache Zelle des Bruder Klaus im Ranft.

*Nimm mich mir und gib mich
ganz zu eigen Dir!*

Das Wolkendunkel lichtete sich und die Größe des Willens Gottes wurde mir offenbar.

Zum Leiter der Exerzitien, Pater Kaiser SJ, sagte ich:

„In diesen Tagen durfte ich die Entscheidung treffen und ich habe mich fest entschlossen, ins Kloster einzutreten. Die Würfel sind gefallen." Er fragte: „Wie heißt das Kloster?" – „Heiligenkreuz." – „Dann gehen Sie hin!"

Der Regens des Wiener Priesterseminars, Dr. Josef Tóth, hat auch seine Zustimmung gegeben und schließlich Franz Kardinal König: „Ja, das ist eine höhere Berufung, folgen Sie ihr!"

Am 15. August 1972 bin ich in das Noviziat von Heiligenkreuz eingetreten.

Gott wollte meine Seele und musste diese noch mit einem gewaltigen Felsblock im Ranft des Bruder Klaus aufbrechen.

Nimm alles von mir, was mich hindert zu Dir.

Ich war tot und musste aufgeweckt werden.
Mein Nichtwollen musste aufgebrochen und
losgelöst werden vom Eigenwillen. Ins Dunkel der Seele musste das Licht des Lebens
Gottes hineinstrahlen durch die Fürbitte von
Bruder Klaus!

Gib alles mir, was mich fördert zu Dir.

„Magis – mehr", sagt Ignatius von Loyola – Alles
ist immer mehr! Gott will alles und Er will
mich ganz! Er will immer mehr. So bin ich
im Ranft ins Licht der Liebe Gottes getreten
und habe mich aus mir herausrufen lassen,
wie einst Jesus den Lazarus: „Komm heraus!"
Der Berg der Hindernisse wurde abgetragen
in einem Moment, und ich war frei von meinem Unwillen, vom Eigenwillen, frei für das
Soli Deo, Gott allein genügt, nur Gott genügt!

Bruder Nikolaus von der Flüe, geboren am
21. März 1417, gestorben am 21. März 1487, der
große Heilige der Schweiz, ist dem Kreuz ge-

folgt und hat alles verlassen um des Gekreuzigten willen.

In einer Vision hat ihm der Vater im Himmel sogar gedankt, mit brennender Liebe, für alles, was er Seinem Sohn getan hat. Er legte ihm die Arme um den Hals und drückte ihn an sich. Mit dem Kreuz hat Bruder Klaus seinen Siegeszug in den Himmel gehalten. Er hat mir die Gabe des Starkmuts verliehen, die Standhaftigkeit, das Ausharren bis zum Ende, die Treue, den Bekennermut.

Die Gabe des Starkmuts ist eine Gabe des Heiligen Geistes. Im Sakrament der Firmung wird sie geschenkt. Ich erinnere mich an den 18. Mai 1963, an meine Firmung in Klosterneuburg durch Weihbischof Dr. Jakob Weinbacher. „Du sollst Priester werden", habe ich deutlich gehört in der großen Stiftskirche der Augustiner Chorherren.

„Komm, Heiliger Geist, und salbe uns mit Standhaftigkeit", so dröhnt es bis heute in meinen Ohren. Der heilige Starkmut ist immer gepaart mit Treue und Glauben, mit Heldengeist und Ausdauer, mit Bekennermut und Großmut und mit einem unerschütterlichen Glauben und Vertrauen. Zeitlebens habe ich darum gerungen und gekämpft, auch mit Maria und durch Maria, in den Gebeten des heiligen Ludwig Maria Grignion von Montfort, in den Schlussgebeten der Legion Mariens. „Gib mir einen felsenfesten, unerschütterlichen Glauben, der es wagt, Großes zu vollbringen für Gott und die Rettung der Seelen!"

Meine Firmung mit 13 Jahren machte mich zum Empfänger dieser Geistesgabe des Starkmuts.

Freilich ist diese Gabe immer wieder durch eigene Schuld, durch Feigheit, Trägheit, Lauheit und Oberflächlichkeit abhandengekommen, besonders durch Menschenfurcht. Aber mein Schutzengel hat mich immer wieder wachgerüttelt, aufgefordert, nicht zu verzagen, nicht mutlos zu werden. Er hat geholfen, die Sünden der Verweichlichung, der Willensschwäche und Feigheit zu vertreiben. Er sorgte für Entweltlichung.

Bei den Märtyrerheiligen habe ich den Starkmut immer gefunden und erbeten und bei den Bekennern und Glaubenszeugen des Ostens, in den verfolgten, kommunistischen Ländern, in den Konzentrationslagern, in den Bergwerken Albaniens (1993) und in Kerkern (Schwester Zdenka).

Die Gottessucher werden angetrieben vom Heiligen Geist und unternehmen alles, um Gott zu finden und zu entdecken. Die Weisen aus dem Morgenland und der römische Hauptmann, sie suchen und finden.

„Wer die Wahrheit sucht, sucht nach Gott, ob er es weiß oder nicht." (Edith Stein)

„Gott ist das Einzige, das nie vergeblich gesucht wird!" (Bernhard von Clairvaux)

Wie dringend notwendig war für mich Getauften, für mich Kind Gottes, die Gabe des Starkmuts im Kampf um den Glauben und um die Reinheit! Demütig und beharrlich habe ich darum gebetet: Starkmut und Beharrlichkeit, Treue, Erfüllung der Alltagspflichten, ohne jedes Murren, stark bleiben in allen kleinen und großen Prüfungen des Lebens, um einmal treu befunden zu werden beim Herrn!

V.
21-Uhr-Segen

„Das innere Feuer, das Brennen,
muss nach außen strahlen. Was nutzt
ein Ofen, der nicht wärmt, was eine
Lampe, die nicht leuchtet?"

Beim Studium in Rom lernte ich „Das Werk" (die geistliche Familie „Das Werk") kennen in der Piccola Casa, Via Aurelia 257.

Die Priesterweihe von P. Bernhard am 29. Juni 1975

Die Schwestern luden mich nach meiner Priesterweihe ein zusammen mit Abt Franz Gaumannmüller und Pater Franz Edlinger, meinem Bruder und meinen Eltern zum Mittagessen am Primiztag zu kommen. Am Confessioaltar, also am Grab des Heiligen Apostels Petrus, gegenüber vom Grab Pius' XII., feierte ich die Primiz, auch mit Abt Bernhard Kaul von Hauterive und Pater Norbert Vodenka aus Hohenfurth.

Nach dem Mittagessen, bei der eine Schwester mit der Violine musizierte, erteilte ich den Primizsegen. Es wurde mir klar, dass ich ein Segenspriester sein soll. Der Segen ist die Strahlkraft des Priesters nach außen, die Ausstrahlung der geistlichen Vaterschaft. „Mehr brennen als leuchten – plus ardére, quam lucére", sagt Bernhard von Clairvaux von Johannes dem Täufer und von jedem Priester.

Das innere Feuer, das Brennen, muss nach außen strahlen. Was nutzt ein Ofen, der nicht wärmt, was eine Lampe, die nicht leuchtet?

Nachprimiz in der Kirche Santa Maria Maggiore (Rom)

„Das Strahlen nach außen muss immer von einem inneren Brennen herkommen", sagte mir Generalabt Sighard Kleiner vor der Primiz.

Dann wurde ich eingeladen, mich dem Abendsegen um 21 Uhr anzuschließen. Der priesterliche Segen schenkt in Stunden des Leidens und der Prüfung Trost und Kraft und Licht, Hoffnung und Zuversicht. Der Segen schenkt Treue im Glauben, die Kraft zum christlichen Lebenszeugnis und er schenkt geistliche Berufungen.

Der Segen des Priesters ist ein großes Geschenk Gottes. Der Herr hat bei der Priesterweihe die Segensvollmacht in die Hände des Priesters gelegt. Der Priester ist der Träger des Segens Gottes, den er den Menschen in allen Umständen und Situationen vermitteln kann. So ist der Priester wirklich ein geistiger Vater, ein Beistand in allen Lebenslagen. Um diesen Beistand dürfen die Gläubigen auch bitten, er ist Teil der Sendung, Teil des Auftrags jeden Priesters.

VI.
Dornenkrone

**„Bei der Feier der heiligen Messe
setzt der HERR dem Priester
die Dornenkrone auf."**

Bernadette Soubirous aus Lourdes

„Wenn ich mich abends zu Bett begebe, dann ist das Kopfkissen für mich wie eine Dornenkrone", sagte der heilige Papst Paul VI.

Zweimal habe ich in meinen Priesterjahren eine echte, geflochtene Dornenkrone erhalten und einmal einen holzgeschnitzten, dornengekrönten Heiland.

In der Piccola Casa habe ich durch „Das Werk" einen Tabernakel mit Dornenkrone kennengelernt.

Es war mir, als würde diese Dornenkrone mir auf das Haupt gedrückt und als würden die Dornen bis ins Tiefste meines Herzens eindringen; dorthin, wo die schmerzlichen Sorgen um die Rettung der Seelen als Priester des Herrn gleichsam verborgen liegen.

Die Dornen, die nach unten gerichtet sind, hängen mit dem Leiden Christi zusammen aufgrund des geistlichen Hochmuts und laden ein zu einem Leben der sühnenden Liebe in Hingabebereitschaft und im Mut zum Dienen, also in der Demut.

Die Dornen, die nach oben gerichtet sind, weisen auf das Königtum Christi hin, auf die Sendung der Anbetung und den freiwilligen Dienst an Seinem Königtum.

„Wir dürfen nicht die verweichlichten Glieder eines dornengekrönten Hauptes sein." (Bernhard von Clairvaux)

Die Dornenkrone hilft, das tägliche Kreuz, das alltägliche Wohl und Wehe anzunehmen, die Pflichten und Aufgaben des Alltags. Sie hilft, treu zu den Prinzipien und treu zur Berufung im reinen Glauben zu stehen, ohne Kompromisse einzugehen, ohne sich ablenken zu lassen von allem, was dem Glauben entgegensteht. Die Dornen sind die süße Last, der sanfte Schmerz eines bereiten und liebenden Herzens, das Ja sagt, ohne zu berechnen, ohne abzuwägen, ohne Bedingungen zu stellen oder etwas zu erzwingen. Die Dornen sind kostbare Gelegenheiten zur Buße und Sühne für alles, was wir oder andere Gott angetan haben, wo wir gegen Seine Ehre gehandelt und Ihn beleidigt haben.

Seite aus P. Bernhards Fotoalbum mit seinen Anmerkungen

„Keine Gnaden ohne Leiden!", sagte der heilige Pater Pio.

Die Dornenkrone, die Jesus auf Sein Haupt hat drücken lassen, ist Sühne, ist Entlastung für meine Gedankensünden, vor allem des Hochmuts. Diese Sünden haben mich entehrt und mir Schmach und Schande eingebracht, aber sie haben auch Gott beleidigt, der sein Geschöpf so unsagbar liebt. Durch Seine Dornenkrone verleiht mir der Herr wieder Ehre und Herrlichkeit.

Jesus sühnt auf diese Weise alle meine Sünden des falschen Ehrgeizes, des Strebens nach Herrschaft und Macht und Würden, nach hohen Rängen, hohen Stellungen und Positionen, er sühnt all die törichten Ambitionen eines Karrieristen.

Jesus sühnt für alle meine Werke, die ich ohne meine Absicht, ohne inneren Geist oder gar mit böser Absicht getan habe.

„Alles, was meine Augen, meine Ohren, mein Mund, meine Nase gesündigt haben, hast Du, Herr, gesühnt durch die Dornen, die Dich und Dein Haupt durchbohrt haben!"

Geistliche Vaterschaft bedeutet mitleiden mit den geistlichen Söhnen und Töchtern, mitempfinden und ihre äußerste Seelennot auch auf sich zu nehmen (die eindringenden Dornen), sich also auch ein Stück weit verletzen zu lassen. Jeder, der einmal geliebt hat, weiß auch um die andere Seite der Liebe. Da ist nicht nur das schöne Gefühl des Verliebtseins, da gibt es auch die Angst vor dem Verlust der Liebe, vor dem Unwürdigsein, geliebt zu werden. Gott liebt uns und weil er uns so sehr liebt, darum leidet er, und darum stirbt Christus am Kreuz. Diese Liebe ist unbegreiflich. Ein Abbild davon, wenn auch nur ein sehr armseliges, muss die Hingabe des Priesters für die Seelen der ihm Anvertrauten sein.

Bei jeder Beichte geht eine Faser des Herzens mit und dringt ein Dorn des Mitleidens und Mitfühlens mit den geistlichen Kindern in den Priester ein.

Die Gewalt der inneren Leiden, die Gewalt der äußersten Seelennot Jesu am Ölberg dringen so in den Priester ein, verletzen ihn und lassen ihn so auch teilhaben am Sühnewerk Jesu.

VII.
Beichtvater

*Papst Johannes Paul II. und P. Bernhard
in Monte Cassino (1980)*

Am Karfreitag, 2. April 2021, starb um 21.05 Uhr mein Beichtvater Pater Heribert Bastel. Am Vorabend des Festes der Göttlichen Barmherzigkeit (Weißer Sonntag), den 2. April 2005, also 16 Jahre davor starb um 21.37 Uhr der heilige Papst Johannes Paul II. (Karol Wojtyła) in Rom. Beide waren Persönlichkeiten mit ungebrochenem, treuem und unverfälschtem Glaubensleben und beide haben mich so vieles gelehrt.

Im Wiener Erzbischöflichen Priesterseminar (1968–1972) hat Professor Bastel mit Diakon Ernst Hauser und anderen Seminaristen, unter Mitwirkung von Dr. med. Andreas Seidl, einem Gynäkologen und Chirurgen aus Grieskirchen in Oberösterreich, das Präsidium der Legion Mariens „Maria, Hilfe der Christen" aufgebaut.

Behutsam, konsequent, ohne Kritik an der Amtskirche, treu zur Lehre und Überlieferung der Kirche und vor allem gebunden an Maria, der Wegweiserin zu Christus und damit zu Gott, wurde die Gruppe errichtet. Ich erinnere mich noch an Exerzitien in Maria Sorg, dem Kloster der Tröster von Gethsemani im Wienerwald. Die Vorträge wurden anhand des Büchleins „Eins mit Gott, durch Maria" von Prof. Dr. Friedrich Wessely gehalten. Schlicht und kindlich wurde mir klar, dass Maria als Mutter ihr göttliches Kind immer an die Menschen verschenkt hat, hingegeben hat, ja buchstäblich in die Hände der Menschen gelegt hat, um diese ganz mit Gott zu vereinen:

in die Hände der Hirten von Betlehem, in die Hände der Sterndeuter aus dem Osten, in die Hände der Weisen aus dem Morgenland, der Heiligen Drei Könige, in die Hände des greisen Simeon und der uralten Hanna, um nur einige Beispiele zu nennen.

Dieses Vermitteln, Übermitteln, Verschenken und Weitergeben ist typisch marianisch, ja ist typisch mütterlich. So ist Maria am Werk und lehrt uns, Christus den Menschen zu bringen. Sie brachte Ihn schon in ihrem Mutterschoß zu Elisabeth, zu Johannes dem Täufer und zu Zacharias.

Diese vermittelnde Berufung und Aufgabe können wir Geistliche Mutterschaft nennen. So hat uns Professor Bastel als Schüler von Professor Wessely die Geistliche Vaterschaft gelehrt.

Bei der Priesterweihe – Papst Paul VI. und P. Bernhard

Außerdem hat er uns beigebracht, wie man Exerzitien hält. Ganz detailliert nach Ignatius von Loyola, hat er uns die drei Schritte nähergebracht:

1. die Reinigung (Läuterung)
2. die Erkenntnis und
3. die Einigung.

via purgativa, via illuminativa, via unitiva

Er hat uns gezeigt, wie Seelen geführt werden müssen, um das rein natürliche Denken in ein übernatürliches Denken zu verwandeln. Das natürliche Denken ist rein irdisch gesinnt, vergänglich, ist letztendlich Windhauch, ihm fehlt die große Perspektive, ihm fehlt Gott. Das übernatürliche Denken hingegen ist auf Gott ausgerichtet, ist himmlisch, ist ewig, weil es hinter allem menschlichen Tun Gott als den Urgrund und das letzte Ziel erkennt. Rein menschliches Denken, Handeln und Schaffen ist sinnlos, zwecklos, nutzlos und ergebnislos.

Göttliches, übernatürliches Denken, Handeln und Wirken gibt letztlich Sinn und Zweck und führt zum ersehnten Ziel.

„Ohne mich", sagt Jesus, „könnt ihr nichts vollbringen, nichts schaffen und tun. Getrennt von mir könnt ihr Nichts vollbringen."

Regierungen scheitern, große Persönlichkeiten scheitern, Politiker, die Größen der Wirtschaft, ja selbst Kardinäle, Bischöfe, Priester, Sportler, Schauspieler, Frauen und Männer der „Weltregierung", der Öffentlichkeit, der Medizin, der Kultur, der Kunst und der Religion. Alle scheitern, vergehen, wenn sie sich nicht an die Hostie binden lassen, an den real präsenten Herrn Jesus Christus, an unseren Gott (Adonai, Eloi), den der heilige Apostel Thomas als „meinen Herrn und meinen Gott" bekannte. Nur durch die Bindung des Samenkorns (der Seele) an das Brot des Lebens (Christus) gibt es Frucht; wenn nicht, ist alles sinnlos, zwecklos, unfruchtbar, steril, nutzlos, eben Windhauch ...

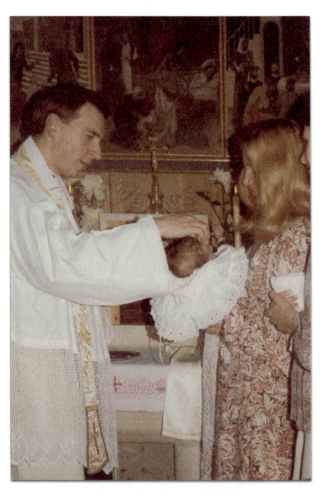

P. Bernhard bei einer Taufe

Ich habe eine Ansichtskarte an Frau Bundeskanzlerin Angela Merkel (übrigens eine Pastorentochter aus der ehemaligen DDR) geschrieben, als sie im Zuge der Aufnahme unzähliger Flüchtlinge aus islamischen Ländern meinte: „Wir schaffen es."

„Liebe Frau Bundeskanzlerin, es dürfte Ihrer geschätzten Aufmerksamkeit entgangen sein, dass nicht wir Menschen alles schaffen, sondern nur Gott und wir im Zusammenwirken mit Seiner Gnade."

Durch die Gnade Gottes bin ich, was ich bin! Was habe ich, das ich nicht empfangen hätte? Alles ist Gnade! Geschenk – Gabe von oben!

Dieser Primat der Gnade, so lehrte Papst Johannes Paul II. in seinem Schreiben „Tertio Millenio Adveniente", sei im 3. Jahrtausend entscheidend: Nicht unsere menschlichen Aktivitäten, Aktionen, sondern Seine Gnade!

Dies hat uns auch Professor Bastel im Blick auf Maria stets „eingebläut", „eingetrichtert" und gesagt:

„Vertrau auf die Gnade von oben, wie Maria! Nicht ich tue Großes, sondern Er hat Großes an uns getan. Die Werke Gottes in meinem Leben sind entscheidend, nicht mein menschliches Tun. Gott ist am Werk, Maria ist am Werk, nicht unser „Werkeln" ist entscheidend.

Und auch der Primat der Innerlichkeit, so wie bei Maria, muss unser Tun prägen. Sie bewahrte alles in Ihrem Herzen, sie erwog es in ihrem Herzen und ließ den Samen des Erfahrenen im Erdreich ihres Herzen Wurzel schlagen und wachsen.

Wer nur den lieben Gott lässt walten ...

Beata solitudo, sola beatitudo – selige Einsamkeit, einzige Seligkeit. Nur Gott genügt! Sorgen wir uns nur um Gott und um unsere Seele, das genügt. Ein innerlicher Mensch, ein mit Gott verbundener Mensch, strahlt dann gleichsam von Natur aus nach außen, handelt selbstlos, liebt seinen Nächsten genauso wie sich selbst. Gott und die Seele!

Professor Bastel hat uns auch beigebracht, wie man richtig beichtet und Beichte hört! Nach einem Büchlein von Professor Friedrich Wessely – Am besten ist es, mit Christus selbst zu sprechen und den Beichtpriester zuhören zu lassen!

In den Jahren 1970/1971 hat sich Professor Bastel schon mit dem Gedanken beschäftigt, ein Oratorium zu gründen. Damals hat er mir die Statuten zum Lesen gegeben und nach den 30-tägigen Exerzitien in der Schweiz, genauer gesagt in Bad Schönbrunn im Kanton Zug bei Jesuitenpater Kaiser, habe ich dann Professor Bastel mitgeteilt, dass ich mich doch für die Zisterzienser in Heiligenkreuz entschieden habe.

Wenn ich in größter Sündenschuld und innerer Seelennot steckte, bin ich zu Professor Bastel zur Beichte gegangen. Einmal sogar ganz früh am Morgen, ein andermal spät am Abend. Er nahm sich Zeit! Er schenkte mir Ohr und Herz! Er machte mir klar, das weiß ich bis heute: Wir Menschen sind zu allem fähig. Jeder ist zu allem fähig, und wenn uns die Gnade Gottes nicht festhält, dann fallen wir ins tiefste Loch.

Der heilige Philipp Neri sagt: „Lieber Gott, halte Deinen Philipp fest, denn er ist zu allem fähig!" Und auch Pater Maximilian Kolbe fleht: „Maria, bitte halte mich mit beiden Händen fest, sonst falle ich in den tiefsten Abgrund der Sünde!"

Dann hat Professor Bastel mir als Zuspruch gegeben: „Herr, ich übergebe Dir alles, mein Leben, mein Priestertum, alles. Gib mir nur das, was Du von mir haben willst und lass mich so Priester sein, wie Du mich als Deinen Priester haben möchtest. Alles andere nimm mir weg!"

Im Jahr 1978 konnte ich dann aus dem Munde von Kardinal Albino Luciano (Seliger Papst Johannes Paul I.) hören: „Nimm mich, wie ich bin, und mache mich, wie Du mich haben willst!"

VIII.
In Todesnot

„Im Licht der Ewigkeit
(sub specie aeternitatis) sieht die Seele
den wahren Wert der Dinge."

Heilige Elisabeth von der Dreifaltigkeit OCD

Alles, was ich aus Liebe für die geistlichen Söhne und Töchter getan habe, und alles, was ich aus Liebe erlitten habe, reicht von der Erdenzeit ...

bis in die Ewigkeit
hat Ewigkeitswert (Paula Grogger)
ist Kapital für den Himmel (P. Buob)
ist Schatz im Himmel.

„Wo Dein Schatz ist, dort ist auch Dein Herz!" (Mt 6,21)

Als 70-jähriger Ordensmann habe ich in der Corona-Zeit immer schon als „Risikopatient" gegolten. Als Priester, geweiht vor 45 Jahren, war ich es gewohnt, Krankheiten und Leiden anzunehmen und mehr oder weniger geduldig zu ertragen.

Aber als ich am 18. November 2020 plötzlich Corona-positiv getestet wurde, hatte ich anfangs keine blasse Ahnung, was das wirklich bedeutet.

Sofort kam ich auf die Isolierstation des Krankenhauses der Marienschwestern in Vorau. Tag und Nacht allein mit Gott, auch Weihnachten und Neujahr. Mein Handy und ein kleines Radio Maria-Empfangsgerät, ein großes Fenster zum Hinausschauen und fast vermummte Pflegerinnen, Pfleger, Ärztinnen und Ärzte, die ihr Bestes gaben.

Selige Einsamkeit, einzige Seligkeit. Beten, betrachten, nachdenken, lesen und meditieren, das Wort Gottes tiefer erfassen und begreifen, die Einsamkeit als Zweisamkeit mit Jesus begreifen.

Doch dann, Ende November/Anfang Dezember noch ein Schlag. Die Werte sind schlecht, viel zu wenig Sauerstoff. Die Lungen sind schwer betroffen, geschädigt vom Virus. Die Ärzte beschließen die Verlegung auf die Grazer Intensivstation des Krankenhauses der Elisabethinen. Tag und Nacht erhielt ich Sauerstoffzufuhr und es begann ein Kampf auf Leben und Tod.

Ich liege im Krankenbett mit einer 20-Liter-Sauerstoffflasche neben mir, ständig von sehr fleißigen Krankenpflegern betreut.

Eigentlich vergesse ich langsam aber sicher alles, was hinter mir liegt, meine Vergangenheit, und schaue auf das, was vor mir ist ...

Ich blicke auf das Licht der Ewigkeit. Diese Nahtoderfahrung wurde von vielen als Tunnel beschrieben, so sah ich es auch. Alles wollte ich hinter mir lassen, loslassen, Gott überlassen, um gelassen zu werden, mich Ihm ganz hingeben zu können und so nur mehr das *unum necessarium*, das einzig Notwendige, vor mir zu haben: Gott.

Dennoch – Geduld bringt Bewährung!

Die Hoffnung wird nicht zuschanden, denn die Liebe Gottes, der Heilige Geist, ist ja ausgegossen in meinem Herzen.

Also – ich atme, ich lebe, aber werden die Lungen noch weiteratmen oder muss ich ersticken? Diesen Punkt zwischen Leben und Tod, zwischen Diesseits und Jenseits am eigenen Leib zu verspüren, ist etwas Unglaubliches.

Es war ein Kampf, ein Lebenskampf, aber mit Gott und mit der Gewissheit, dass viele Menschen für mich beten, weil sie meinen, dass sie mich (noch) brauchen.

Ein Priesterfreund kommt in die Intensivstation mit Schutzanzug, sodass ich ihn nur an der Stimme erkenne. Er gibt mir die Chance zu einer guten Lebensbeichte, die ich gerne nütze. Ich bereue demütig, denn ich bin ja nur Staub und Asche; besonders in einer solchen Situation wird einem dies sehr deutlich bewusst. Das Leben hängt nur an einem seidenen Faden oder eigentlich auch nicht, denn der Herr über Tod und Leben ist schließlich Gott und Er ist reine Liebe und langmütige Barmherzigkeit. Nach der Beichte bringt der Priesterfreund mir Jesus in der Eucharistie. Er bringt mir Gott selbst, winzig klein in der weißen Hostie und salbt mich mit dem heilenden Öl. Was für ein

Lichtblick und welch unbegreifliche, lebendig machende Hoffnung!

Es geht doch weiter und der Tod muss warten. Mir scheint es gleichsam wie eine „kleine Auferstehung". Ein neues Leben wurde mir geschenkt. Danke, Jesus! Eigentlich, so kommt mir, vollzieht sich dieses Wunder der „kleinen Auferstehung" nach jeder heiligen Beichte. Die Seele wird aus dem der Stand der Sünde, aus der Finsternis und Orientierungslosigkeit, in den Stand der Gnade gehoben, wieder mit Leben, mit Liebe und Licht durchflutet. Wie unglaublich ist das Wirken Gottes in den Sakramenten der Kirche, wie traurig, dass so viel darüber in Vergessenheit gerät. Beichte, Eucharistie, Krankensalbung/ Letzte Ölung ... Gott hat uns Priestern, die wir oft so schwach sind, unsagbar Großes anvertraut.

Während der Intensivbehandlung hatte ich immer eine Medaille der Muttergottes um den Hals getragen. Maria, sie ist ja die Mutter des Lebens und das Heil der Kranken! Ich habe auch einige Zeit, als es besonders kritisch war, die Medaille zwischen den Fingern gehalten, sie teilweise regelrecht gepresst. Gerade in diesen Momenten der äußersten Bedrängnis, der Angst, der körperlichen Schmerzen durfte ich die Fürbitte der Himmelsmutter und ihre rettende Begleitung erfahren.

Danke, Maria, Du Mutter Jesu! Danke, dass Du auch meine Mutter bist!

Diese Schmerzen, dieses Leiden durfte ich in den Kreuzweg Jesu hineinlegen. So war mein Schmerz von Anfang an nicht sinnlos, zwecklos und nutzlos. Ich konnte so auf einzigartige Weise in die Leidensgeschichte Jesu eintreten und durfte daran ein ganz klein wenig teilhaben.

Nur diese enge Verbindung mit Jesus, dem fleischgewordenen Wort Gottes, nur dieses Geheimnis kann uns retten und lässt uns auferstehen. Wer sich in seinem Leiden mit Jesus vereinigt, darf auch auf die Auferstehung mit ihm hoffen. Unser Kreuz wird mit Ihm und in Ihm und durch Ihn zu unserem Heil, zu unserer Auferstehung, zum wahren Leben.

IX.
„Folge mir nach! Du sollst Priester werden."

„Er hat gesprochen und ich war zutiefst verändert."

Am 18. Mai 1963 wurde ich, gemeinsam mit meinem Bruder Karl, in der großen Stiftskirche von Klosterneuburg gefirmt. Pfarrer Franz Kosék von Leopoldsdorf bei Wien hat uns sehr gewissenhaft auf das Sakrament des Heiligen Geistes vorbereitet. Firmspender damals war der Wiener Weihbischof Jakob Weinbacher.

Als wir uns in Zweierreihen anstellten, um das Sakrament der Firmung zu empfangen, habe ich ungefähr an der Stelle, an der der Altar des Heiligen Leopold mit seinen Reliquien stand, eine innere, starke Stimme vernommen:

„Folge mir nach! Du sollst Priester werden!"

Heute kann ich diese Erfahrung gut beschreiben. Es war eine Gewalt des Rufes, ein deutlicher, klarer und prägender Anruf Gottes. Im ersten Moment schossen mir sofort Tränen aus den Augen, als hätte ich scharfen Rauch eingeatmet. Aber durch diese Tränen sahen meine Augen im Nu ganz klar und mein Herz öffnete sich für Gott.

Ja, ich soll Priester werden, ich will Priester werden! Und ich schaute nach rechts, nach vorne und da waren Mädchen und Burschen und ich war mir plötzlich ganz sicher, dass sie all das nicht gehört haben. Nur mir schien dieser Ruf gegolten zu haben, nur mir.

Bei der Firmung selbst, bei der Salbung mit heiligem Chrisam (damals noch mit Backenstreich und Handauflegung), habe ich das weiche, fließende, durchdringende Strömen des Heiligen Geistes verspürt und gedacht: „Also Priester!" Ich habe die Wucht des Gottesgeistes erfahren, der wie ein Schwert Mark und Bein durchdringt. Altes war vergangen und Neues geworden.

Mir war klar, dass Gott mich als Seinen Priester haben möchte. Er hat gesprochen und ich war zutiefst verändert.

Von der vierten bis zur siebten Klasse Gymnasium bewahrte ich alles Geschehene in meinem Herzen, als Geheimnis des großen Herrn und Königs, als unauslöschliches Prägemal des Heiligen Geistes. Gott hat mir Seine Hände entgegengestreckt, meine Seele umfangen, umgriffen und festgehalten: Mein bist Du! Es war mir klar, dass ich Gottes Stimme gehört habe und dass ich ihm gehorchen musste, ja Ihm von ganzem Herzen gehorchen wollte. Sein Wollen war zu meinem Wollen geworden.

Gewaltig war es, aber liebende Gewalt, nicht Zwang, sondern lockendes Werben. Ich war mir ganz klar darüber, dass Er, der Heilige Geist, dessen Tempel ich nun seit der Firmung sein darf, mich leitet, führt und mir den Weg zum Priester zeigt. Gott weiß alles, fügt alles, plant alles. Oft erkennen wir diese Weisheit der Pläne Gottes erst im Nachhinein, vieles verstehen wir wahrscheinlich nie. Gottes Wege sind nicht unsere Wege.

Die Wucht des Anrufes, der Berufung war so groß, dass ich am Firmtag ganz benommen war. Vom Essen am Kahlenberg und dann der Operette „Nacht in Venedig" von Johann Strauß in der Wiener Volksoper nahm ich nur wenig wahr. Größeres, Schöneres war mir begegnet, Gott, und Er hatte mir seinen Plan für mein Leben enthüllt.

Beim Gang zur Firmung habe ich deutlich meinen Schutzengel bemerkt, der meine Sinne ganz öffnete für Gottes Wort, sodass ich alles, was Gott mir sagen wollte, hören und im Herzen aufnehmen und bewahren konnte. Selbst in den krisenreichen Jahren der Pubertät trug ich all das schweigend im Herzen, dachte darüber nach, betrachtete es. Auf diesem festen Grund konnte ich Ruhe finden, diesem Gott konnte ich vertrauen, Ihm mich ganz schenken.

Ich habe nur den starken Anruf im Ohr und im Herzen bewahrt, wie Maria, die alles im Herzen bewahrte, schweigend, horchend, gehorchend, arm, lauter und getreu; natürlich nicht in jener Vollkommenheit wie die Gottesmutter. Lange Zeit sprach ich also nicht darüber. Erst mit siebzehn Jahren vertraute ich mich meinem Religionsprofessor Dr. Walter Strauß an. Dann sprach ich auch mit Pfarrer

Kosék und Ordensschwestern und schließlich mit meinen Eltern. Im Jahr 1968 waren dann alle Weichen gestellt und ich ging ins Wiener Priesterseminar.

Mit siebzehn Jahren, knapp vor der Matura, besuchte ich regelmäßig die Bibelstunden mit Pfarrer Franz Kosék in der Pfarre Leopoldsdorf bei Wien. Wir studierten im kleinen Kreis die Geheime Offenbarung, die Apokalypse des Johannes. Mir ist immer mehr aufgegangen, dass das aufrechtstehende Lamm, das geschlachtet wurde, die Mitte des himmlischen Jerusalems ist und das Zentrum der Gottesstadt, die leuchtet; dieses Lamm (Christus) ist das einzig wahre Licht und ohne ihn sind wir in der Finsternis, von Ihm getrennt können wir nichts tun.

X.
Das Wirken der heiligen Engel

Die Liebesreue ist der Schlüssel zum Herzen Gottes.

Es sind die heiligen Engel, die unaufhörlich dafür Sorge tragen, dass ihre Schützlinge ein reines Herz haben. Die heiligen Engel führen, leiten und drängen behutsam die Sünder zum Bußsakrament. Das ist schon ein großes Wunder! Menschen, die oft Jahrzehnte nicht gebeichtet haben, erscheinen dann im Beichtstuhl. Der Druck des „schlechten Gewissens", dieses Gefühl der Unruhe, dass dazu treibt, die Sünden offenzulegen, die Schuld büßen und wiedergutmachen zu wollen, dahinter stecken auch die heiligen Engel.

Sie führen zur Reinigung und zur Läuterung der Seelen. Sie führen auf die Wege der Sühne, der Buße, der Reue und der Wiedergutmachung. Sie stärken aber auch unseren guten Willen, der durch die Sünde jede Kraft verloren hat; und die heiligen Engel führen die Seelen an jene Orte der Reinigung, an denen seeleneifrige Priester in den jeweiligen Beichtstühlen die Seelen umpflügen und das Unkraut der Sünde ausreißen, nicht bloß oberflächlich, sondern mitsamt all der tiefen Wurzeln, die die Sünde in uns geschlagen hat.

Wie oft habe ich dies erfahren, erlebt, erlitten und mit ganzer Hingabe begleitet! Immer geht bei der heiligen Beichte eine Faser des Priesterherzens mit. Manchmal ist Sühneübernahme und Bußleistung für andere gefordert, als tiefste Form der Nächstenliebe und Werk der Barmherzigkeit. Die Sünde ist keine Kleinigkeit, sie ist ihrem Wesen nach Abwendung von Gott und wenn wir das recht bedenken, ist das ungeheuerlich. Wie können wir nur Ihn links liegen lassen, Ihn, der unser Schöpfer ist, Ihn, der unser Erlöser wurde?

Die Gottesmutter Maria, die Mutter der Barmherzigkeit, sorgt zusammen mit den Schutzengeln der Pönitenten für die notwendige Liebesreue, die Reuetränen und den Reueschmerz, die *contritio cordis*, also die Zerknirschung des Herzens. Wesentlich bei der Heiligen Beichte ist die Reue aus Liebe zu Gott, denn ein demütiges und reumütiges Herz kann

Gott nicht verschmähen, aber einem stolzen Herzen widersteht Er. Nicht die Angst vor den Qualen der Hölle soll uns in den Beichtstuhl bringen (dies geschieht ohnehin wohl immer seltener), sondern die Liebe zu Gott und die Zerknirschung darüber, Ihn beleidigt zu haben.

Ich habe es selbst oft an mir erfahren, bei meinen eigenen Beichten und bei Beichten anderer. Die Liebesreue ist der Schlüssel zum Herzen Gottes. Gott allein kann die Herrschaft Luzifers über die Sünden brechen und die Machwerke des Teufels zerstören, die darin bestehen, die Menschen zu versklaven. Die Liebesreue bricht all die Abhängigkeiten, in die wir durch unsere Zustimmung zu den Verlockungen des Teufels geraten sind.

Wie viele Menschen sind beherrscht von Pornographie, von der unstillbaren Gier nach Sexualität, von Drogen, Alkohol, Nikotin, Macht, Geld, Geltung und immer mehr Erfolg.

Die Schutzengel führen durch die heilige Beichte die Seelen vom Reich des Todes (aus

Sünde, Schuld und Finsternis) wieder zum Strom des Lebens, zu den sprudelnden Quellen der Gnade. Und Maria ist stets an der Seite eines jeden von uns. Mit ihrem Unbefleckten Herzen tut sie alles, was sie kann. Sie bittet für die armen Sünder um Reue, Umkehr und Barmherzigkeit während ihres Lebens und besonders auch in der Todesstunde.

Wer Maria geweiht ist, wer sich ihr ganz hingegeben hat, kann nicht verloren gehen, denn sie sorgt und wirkt, bis ihr Kind umkehrt, bereut, beichtet und neu beginnt, bis Ihr unbeflecktes Herz über Satan, Tod und Sünde triumphiert – das hat sie uns versprochen!

Es sorgt sich also der geistliche Vater, der Seelenführer, es sorgt Maria als geistliche Mutter und die heiligen Engel sorgen sich auch um ihren Schützling.

Besonders an Wallfahrtsorten, an diesen Orten der Gnaden, der Wunder und der Heilungen, sind die heiligen Engel Mariens am Werk und fischen mit dem Fischernetz der Liebe die

Seelen aus dem dunklen Meer der Sünde ans Licht Gottes. Dieser wunderbare Fischfang ist die vom Herrn gewollte Berufung der Apostel. „Von nun an sollt ihr Menschenfischer sein!"

Geistliche Vaterschaft bedeutet also, Menschenfischer zu sein, die Herzen für das Werk Gottes zu bereiten.

Oft habe ich in der Nacht, jäh vom Schlaf geweckt oder gar im Traum erkannt, erspürt, dass bald ein „dicker" Fisch, ein „fetter" Sünder kommen wird. Der Herr hat mich vorbereitet und Sünden erkennen oder erahnen lassen, um diesen Seelen besser helfen zu können, um sie besser auf all das Große vorzubereiten, was Er mit einem jeden von uns vorhat. Er hat mich als Werkzeug, Instrument, ja quasi als Operationshandschuh verwendet. Er operiert mittels des Handschuhs (das ist der Priester), wobei der Handelnde, der Operateur, immer Er bleibt und doch unser ganzes Mitwirken gefordert ist. Wir Priester müssen uns Ihm nur ganz zur Verfügung stellen, uns Ihm ganz hingeben und keine Hindernisse Seinem Wirken entgegenstellen. Mitleiden, mit-bereuen, mit-sühnen und mit-opfern! Dies ist nicht immer leicht, aber wenn es gelingt, unglaublich wirkungsvoll – ja fast schon wunderbar!

Unermüdlich führen die heiligen Engel den Menschen, um sein Herz zu reinigen, zu läutern. Die heiligen Engel klopfen an die Herzen der Menschen, die oft starr, kalt und verhärtet sind, bis sie sich öffnen, weich werden und der Gnade Gottes Einlass gewähren. Sie sorgen für die Wandlung der Herzen und wir dürfen sie gerade auch in diesen Anliegen anrufen. Wir dürfen, nein eigentlich müssen wir in engstem Kontakt zu unserem Schutzengel stehen und wir dürfen auch zu den Schutzengeln all unserer Lieben, ja sogar zu den Schutzengeln unserer Feinde beten. Das Gebet zu den Engeln vermag so viel; beleben wir es wieder und es werden zahlreiche Gnaden daraus wachsen.

„Engel Gottes, der Du mein Beschützer bist, erleuchte, bewahre, leite und regiere mich, der ich Dir von des höchsten Vaterliebe anempfohlen bin",
so zum Beispiel könnte man täglich beten.

XI.
Stärkung von oben

„Der Sohn lässt auf Golgotha
Sein Herz öffnen, damit wir
Zuflucht haben in der NOT."

Der heilige Josef ist gleichsam eine Art „Terrorist", er ist *terror daemonum*, der Schrecken der bösen Geister, weil er die Dämonen in Angst und Schrecken versetzt. Er ängstigt und erschreckt die Mächte und Gewalten der Finsternis, er half und hilft aktiv mit, damit Gottes Erlösungswerk nicht zuschanden wird. Er gehorchte den Anrufen Gottes treu, er rettete die heilige Familie in der höchsten Lebensgefahr nach Ägypten, er zog Jesus auf, half Ihm in Seinem menschlichen Leben.

Keine Not der Erde kann so zum Himmel schreien, wie die Not der Seele, wenn sie vom Bösen bedrängt wird, wenn sie kein Licht am Ende des Tunnels sieht, wenn das Leben sinnlos, ziellos erscheint. In diese äußerste Not stürzen wir uns zumeist selbst, weil wir Gott nicht an den ersten Platz in unserem Leben stellen, weil alles andere viel wichtiger ist.

Doch der Vater (Abba) im Himmel hört die Seele, die in dieser großen Pein zu Ihm ruft, vielleicht auch nur mehr zu rufen versucht, die sich zaghaft nach Ihm ausstreckt.

Er sendet Seinen Sohn, Seinen einzigen Sohn, Seinen liebsten Sohn, um der verzweifelten Seele aus der Not zu helfen.

Der Sohn lässt auf Golgotha Sein Herz öffnen, damit wir Zuflucht haben in der Not.

Der Sohn schenkt uns Seine Mutter Maria als größte Helferin in der Not, als Knotenlöserin. Keiner kann das besser, keiner weiß besser über uns Bescheid als unsere Mutter. Sie fühlt mit uns, sie leidet für uns, sie möchte uns erziehen, leiten, stärken und uns durch dieses „Tal der Tränen" zur ewigen Vereinigung mit ihrem Sohn führen.

Dann sendet Gott noch Seinen Heiligen Geist als Tröster in der Not und Seine heiligen Engel, die tröstend beistehen.

Der Heilige Geist ist

Vater der Armen
Geber der Gaben
Licht der Herzen
Trost der Weinenden
Heilung der Kranken
Kraft der Schwachen
Wärme der Erkalteten
Heimat der Verlassenen
Die Gebeugten werden wieder aufgerichtet
und alles Unbegreifliche
wird leichter zu tragen
durch Trost und Kraft des Heiligen Geistes!
Er ist im Dunkel das Licht der Liebe auf
dem Weg zum Vater.

Der heilige Papst Paul VI. sagte am 29. Juni 1975 bei meiner Priesterweihe:

„Hört auf die Notschreie der Bedrängten, der Notleidenden, der Kranken und Leidenden, der Armen und Sterbenden!"

Das wurde zu meinem Herzensanliegen. Und es gibt gerade heute, gerade in einer Gesellschaft, der es doch so gut geht, viele, unzählige dieser Notschreie. So viele fühlen sich bedrängt und leiden; so viel materielle, aber gerade auch geistige Armut!

Doch Gott kann all das wandeln, daran müssen wir glauben und daran kann man auch glauben, oft genug habe ich das in meinem eigenen Leben erfahren und vielleicht haben Ihnen diese wenigen Zeilen geholfen, wieder neues Vertrauen in Gott zu setzen. Er ist tragfähiges Fundament, wer auf Ihn vertraut, hat nicht auf Sand gebaut und mit Gott ist ein Neuanfang jederzeit möglich. Öffnen Sie Ihr Herz für Sein Wirken, kommen Sie Ihm nur einen Schritt näher und Er wird Sie in Seine Arme aufnehmen und mit Gnaden überhäufen.

Meine Jesus, Dir gebe ich mich ganz hin! Mein Jesus, sorge Du! Jesus, ich vertraue auf Dich!

Jesus, Maria und Josef, ich liebe Euch. Rettet Seelen!

1968
Matura

1969
Seminarist
Wiener Priester Seminar

Seite aus P. Bernhards Fotoalbum mit seinen Anmerkungen

Eb. Priesterseminar, Wien
1968 - 1972

Schmid Eichinger
Peter   Rudi

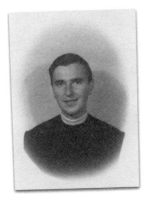

1973 Mönd

Anhang

„Und ich habe nur mehr geschaut
auf das, was vorbei ist. Und das, was
vor mir ist, ist ein hohes, aber vor allem
sehr schönes, helles Licht."

Interview mit Pater Bernhard über sein Nahtoderlebnis (2022)

Vom 18. November 2020 bis fast Ende August 2021, also über neun Monate, war ich im Krankenhaus der Schwestern der Unbefleckten Empfängnis in Vorau in der Steiermark. Sie haben mich nicht nur gepflegt, sondern sie haben mich wieder in die Höhe gebracht. Körperlich, physisch, aber auch moralisch. Denn es war eine harte Zeit, diese Zeit, die durch Corona und die Folgen der Erkrankung geprägt war.

In dieser Zeit habe ich einiges durchgemacht, nicht nur an seelischen Leiden, sondern auch an körperlichen Leiden, besonders was die Atmung betrifft. Ich musste nach dieser intensiven Behandlung erst wieder richtig gehen lernen und da hat mir dieser Stock *(zeigt auf einen Gehstock in seiner Hand)* sehr geholfen.

Er stammt, Sie werden es fast nicht glauben, aus der Hand des heiligen Papstes Johannes

Paul II. *Dein Stock und Dein Stab waren mir Zuversicht*, und sie gaben mir Kraft und Trost und Hilfe, und ich habe mich daran aufgerichtet und gestärkt und getröstet und bin so wieder meine Wege gegangen. Also Johannes Paul II. hat mir geholfen, aufzustehen und wieder neu zu beginnen.

Nach neun Monaten war das wie eine neue Geburt und wie ein neuer Anfang. Das Röntgen ergab eine schwere Lungenentzündung durch das Coronavirus und lange Zeit war ich in einem isolierten Krankenzimmer. Ende November hat sich dann diese Infektion sehr verschlechtert und ich musste auf die Intensivstation nach Graz.

Dort waren auch wirklich viele eifrig betende Schwestern. Die haben jeden Tag für mich gebetet. Und Primarius Dr. Stepan hat gesagt: „Das Gebet der Schwestern, das hat Sie immer wieder aufgerichtet. Und so sind Sie immer wieder über den Berg gekommen, wie man so schön sagt." Am 3. Dezember 2020 bin ich nach Vorau zurückgekehrt und war dann wieder isoliert, mitten in der Schwestern-Klausur.

Das war auch eine interessante Erfahrung für mich. Die habe ich noch gebraucht. Mit über 70 Jahren habe ich dann noch erfahren, wie das so ist, unter Ordensschwestern zu leben. Da waren wirklich viele gute, positive und vor allem für mich bereichernde Erfahrungen. Ich habe das Wesen der Frau noch einmal besser kennengelernt und das ist für einen Priester sehr wichtig, gerade auch für den Beichtvater.

Ich habe gesehen, dass Mann und Frau, Frau und Mann wirklich wichtig sind füreinander, denn jeder ist für den anderen eine Ergänzung. Es gibt eine gegenseitige Ergänzung und das hat Gott wunderbar eingerichtet. Diese gegenseitige Ergänzung, die Einsamkeit mit dem Jesuskind in der Krippe zu Weihnachten und mit Maria und Josef und den heiligen Engeln hat mir auch gutgetan. In vielen ganz stillen, einsamen Stunden, ohne Telefon, ohne irgendwelche Medien, nur mit Briefverkehr.

Diese einsamen Stunden haben mir viele Gnaden gebracht und es gibt eben keine Gnade ohne Leiden. Da bin ich mir nun auch wirklich sicher. Das hat mir der heilige Pater Pio beigebracht. Keine Gnaden ohne Leiden!

Nun nachdem alles schon eine gute Zeit vorbei ist, kann ich sagen: Was ich vor der Erkrankung geleistet habe, schaffe ich nun nicht mehr. Aber alles erreicht der Geduldige, vielleicht wird es noch besser. Aber ich bitte um das Gebet, um durchhalten zu können. Es ist schön, wieder die Messe feiern zu können, Beichte zu hören, zu predigen, auch wenn ich jetzt versuche, mich etwas mehr zu schonen.

Täglich spende ich um 21 Uhr nach wie vor den Segen für alle, die mir anvertraut sind. Ich weiß, dass es viele sind, die den Segen erwarten. Vergelts Gott, möchte ich allen sagen, die für mich gebetet haben. Zweimal war die Lage äußerst kritisch und ich habe jetzt ein Buch gelesen über Nahtoderfahrungen.

Und ich muss sagen, dieses Buch ist großartig, kann es weiterempfehlen und es hat mir gezeigt, dass es wirklich so etwas wie eine Nahtoderfahrung gibt, dass ich mir all das nicht bloß eingebildet habe. Es war im November vorigen Jahres, wie es ganz kritisch war, wie ich kurz vor der Intubation bzw. vor dem künstlichen Tiefschlaf war. Da habe ich Folgendes gespürt:

Ich konnte alles, was vor mir war, hinter mir lassen. Alles, was mein Leben bisher bewegt hat, hinter mir lassen. Ich vergesse, was hinter mir ist und ich habe nur mehr geschaut auf das, was vor mir ist. Und das, was vor mir ist, ist ein hohes, aber vor allem sehr schönes, helles Licht. Gott ist Licht und Finsternis ist nicht in Ihm. Und ich habe dieses Licht, dieses wunderbare Licht Gottes schauen dürfen und in dieses Licht hineingehen dürfen. Und ich wusste: Dort ist alles Licht und Heil und Freude und Friede. Das war diese Nahtoderfahrung, wie ich sie erlebt habe.

Also, es gibt ein ewiges Heil, es gibt ein Licht Gottes, es gibt dieses ewige Licht Gottes, und ich habe es auch erleben dürfen. Ich vergesse, was hinter mir ist und schaue auf das, was vor mir ist. Ja, aber dann bin ich doch wieder aufgewacht und es geht weiter.

Mühevoll und anstrengend, aber doch mit den einen oder anderen Begegnungen, die Freude bereiten. Die Zukunft wird zeigen, wie, wann und wo ich wieder dienen darf. Und es hängt auch viel von unserem Herrn Abt ab, der nicht will, dass ich zu viel annehme, dass ich lerne, auch Nein zu sagen, wenn meine Kräfte eben nicht vorhanden sind. Alle Freunde grüße ich also sehr herzlich. Bitte betet weiter für mich!